Pour Gaspard

ISBN 978-2-211-31005-5
Première édition dans la collection *les lutins* : août 2020

Loi numéro 49 956 du 16 juillet 1949 sur les publications
destinées à la jeunesse : septembre 2009
Dépôt légal : avril 2021
Imprimé en France par Estimprim à Autechaux

Geoffroy de Pennart

MAMAN !

Une histoire de Balthazar

kaléidoscope
les lutins de l'école des loisirs
11, rue de Sèvres, Paris 6e

Aujourd'hui, c'est chouette, Maman m'emmène
avec elle dans la forêt ramasser des châtaignes.
J'adore aider ma maman.
Tiens… Une voiture…

Oh, non ! C'est Igor. Et il se gare dans la clairière !
Il est avec son fils, Émile.
« Quel casse-pieds », dit Maman, « il faut se cacher.
Monte dans l'arbre, Balthazar, je te suis. »
Ma maman, elle grimpe trop bien aux arbres !
Elle me dit : « Ne fais pas de bruit, ils viennent par ici ! »

Pas de bol, Igor et Émile s'assoient juste au pied de notre arbre.
Igor se met à expliquer quelque chose à Émile.
Moi, j'aime bien quand mon papa m'explique des trucs…
Alors je me penche un peu pour entendre…

… et CRAC ! je leur tombe dessus !

Et BOUM ! Maman aussi !

Oh là là ! La chute ! Mais ouf, je ne me suis pas fait trop mal.
« Ah ! Mon ami Balthazar ! » dit Igor en me soulevant.
Mais Papa m'a déjà expliqué qu'un loup n'est pas un ami
et qu'il ne pense qu'à nous croquer, alors j'ai très peur.

« LÂCHEZ-LE ! » hurle Maman en se relevant. Elle veut se jeter sur Igor, mais je crois qu'elle s'est fait trop mal à la jambe. Igor se met à rire.
« Ha ! Ha ! Ha ! On dirait que les jeux sont faits ! »
Jeux ? Mais de quoi il parle ?

Maman prend un air très méchant et dit :
« Vous feriez mieux de vous occuper de votre fils,
il a l'air mal en point. »
C'est vrai qu'il n'a pas bougé depuis
que je lui suis tombé dessus !

« ÉMILE ! » s'écrie Igor, et il me lâche.
Je cours rejoindre Maman. Igor prend Émile dans ses bras,
mais il ne bouge pas.
Igor se met à pleurer très fort.
« Mon bébé, mon pauvre bébé, vous avez tué mon bébé ! »

« Viens, Balthazar, on s’en va ! » me dit Maman.
Mais elle boite vraiment beaucoup et Igor nous rattrape
tout de suite. « Ah, non ! Vous n’allez pas me laisser comme ça,
vous allez m’aider. D’ailleurs, tout est de votre faute ! »

Il se remet à pleurer. « Mon pauvre bébé ! Ne partez pas ! Aidez-moi ! Je vous en supplie ! » Maman le regarde. « Bon, d'accord. Je vais voir ce que je peux faire. »

« Voyons », dit Maman, « il faudrait vous déshabiller. »
Igor la regarde avec de grands yeux,
mais Maman ne rigole pas. « Ne discutez pas,
vous voulez sauver votre garçon, oui ou non ?
Et puis, je crois que vous aimez bien vous déguiser, non ? »
Igor se dépêche d'enlever ses habits.

« Tournez-vous », dit Maman,
« je vais vous donner ma robe et vous allez la mettre. »
Maman se déguise en Igor et Igor se déguise en Maman.
C'est rigolo, mais quand même,
je trouve que Maman est un peu bizarre !

« Ce n'est pas fini », dit Maman. Elle sort son poudrier et elle maquille Igor qui devient tout blanc et, après, elle fait pareil avec Émile qui ne bouge toujours pas.

Ensuite, Maman met son foulard à Igor et un mouchoir sur la tête d'Émile, et dit : « Bon, ça devrait aller. »

« Je vais m'appuyer sur vous.
Nous allons prendre votre voiture et aller à l'hôpital Seguin.
Mon mari, le docteur Broutchou, va s'occuper du petit.
Viens, Balthazar. »

Nous arrivons dans la clairière et là, catastrophe !
Adossés à la voiture, il y a deux copains d'Igor !

Ils font de grands sourires. « Ah, quelle charmante famille !
Oh, les jolis petits chevreaux ! Oh, le pauvre monsieur
qui boite ! Pouvons-nous vous aider, chère petite madame ? »

« NON MERCI ! » fait Igor.

Je n'ai jamais entendu un cri pareil.
Les copains non plus, on dirait.

« Bien joué, Igor ! » dit Maman. « Maintenant, filons ! »

Hiiiiiiiiiiiiiii !

Arrivé devant l'hôpital, Igor freine comme un malade.
« Laissez-moi faire, et attention », dit Maman,
« c'est un endroit très bien gardé ! »

« Bonjour Balthazar. » Deux gros infirmiers me saluent.
Mais ils regardent Igor et Maman bizarrement.
« C'est moi, Madame Broutchou », dit Maman,
« mon neveu a besoin de soins urgents ! »
« Toutes nos excuses, Madame Broutchou,
nous ne vous avions pas reconnue… euh… avec ces habits… !
Mais cette voiture, on dirait celle d'… »

Igor prend une voix toute aiguë : « Vous devriez aller voir sur le parking. Je crois qu'il y a un loup qui rôde… » Aussitôt, les deux gardes se précipitent pour aller voir. Au même instant, Papa arrive avec sa blouse de docteur. Il est trop cool, mon papa !

« Oh ! Ma chérie, que se passe-t-il ?
Et comment es-tu habillée ! ? »
« Plus tard, Henri », dit Maman,
« occupe-toi de l'enfant, c'est urgent ! »

Papa prend Émile dans ses bras. Il le regarde et dit :
« Mais c'est un loup ! »
« Soignez-le, je vous en supplie », dit Igor.
Papa regarde Igor d'un drôle d'air, mais Maman répète :
« Occupe-toi du petit, Henri,
je te raconterai plus tard ! »

« Bon. Attendez-moi ici. »
Papa emmène Émile.

Igor gigote dans tous les sens. Et il se remet à pleurer.
« Ne vous inquiétez pas, tout ira bien », lui dit Maman,
super gentille. « Le petit est dans de bonnes mains. »
Igor se calme. Elle console trop bien, ma maman.

Enfin, Papa revient. Émile a un gros bandage
sur la tête, mais ses yeux sont ouverts.
Igor le prend dans ses bras. « C'est moi, mon chéri, c'est Papa. »
Émile lui fait un grand sourire. Mon papa à moi dit :
« Il a eu un gros choc, il faut qu'il se repose,
mais tout va bien. Vous pouvez rentrer chez vous. »

« Oh merci, docteur, merci, merci ! » crie Igor.
Et il recommence à pleurer.
« Ce n'est rien », dit Papa d'une voix toute gênée, « hum, excusez-moi, il faut que je m'occupe de ma femme, maintenant. »

Alors, Igor s'en va avec Émile et Papa emmène Maman.
Je reste tout seul sur ma chaise et je pense
à cette journée incroyable. Quand Papa et Maman ressortent
du cabinet, Maman a un gros plâtre et des béquilles.

Je regarde le plâtre et je dis : « Ah, je comprends maintenant pourquoi tu as dit quel casse-pieds tout à l'heure. »
Papa et Maman éclatent de rire et ils rient si fort, si fort que, moi aussi, j'éclate de rire !
Et nous rions tous les trois pendant longtemps.